AF221656

Impressum
Verlag: BABADADA GmbH, Nedderfeld 112 , 22529 Hamburg
Geschäftsführer / Verlagsleitung: Harald Hof
Druck: Books on Demand GmbH, In de Tarpen 42, 22848 Norderstedt

Imprint
Publisher: BABADADA GmbH, Nedderfeld 112 , 22529 Hamburg, Germany
Managing Director / Publishing direction: Harald Hof
Print: Books on Demand GmbH, In de Tarpen 42, 22848 Norderstedt, Germany

škola

sekolah

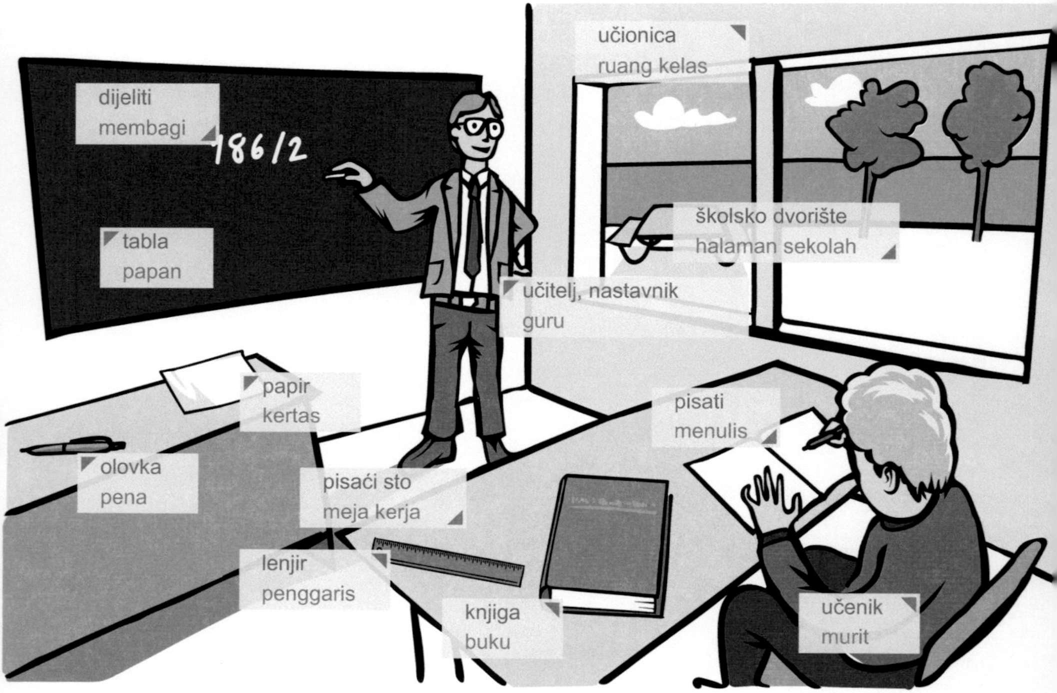

učionica
ruang kelas
dijeliti
membagi
186/2
tabla
papan
školsko dvorište
halaman sekolah
učitelj, nastavnik
guru
papir
kertas
pisati
menulis
olovka
pena
pisaći sto
meja kerja
lenjir
penggaris
knjiga
buku
učenik
murit

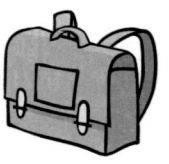

torba

tas sekolah

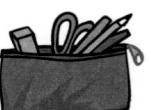

pernica

tempat pensil

drvena olovka

pensil

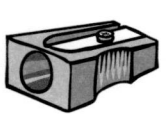

šiljalo za olovke

pengasah pensil

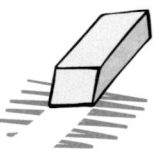

gumica

penghapus

blok za crtanje

kertas gambar

crtež

gambar

kist

kuas

kutija s bojama

kotak cat

makaze

gunting

ljepilo

lem

vježbanka

buku latihan

domaća zadaća

pekerjaan rumah

broj

angka

sabirati

tambhakan

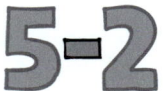

oduzimati

mengurangi

množiti

mengalikan

računati

menghitung

slovo

huruf

abeceda

alfabet

riječ

kata

tekst

teks

čitati

membaca

kreda

kapur

sat

pelajaran

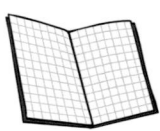

školski dnevnik

daftar

ispit

ujian

svjedočanstvo

sertifikat

školska uniforma

seragam sekolah

izobrazba

pendidikan

leksikon

ensiklopedi

univerzitet

universitas

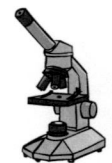

mikroskop

mikroskop

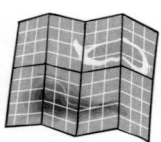

karta

peta

korpa za papir

tempat sampah

putovanje
perjalanan

hotel
hotel
Grand
hostel
hostel
ROOMS
EXCHANGE
mjenjačnica
kantor pertukaran mata uang
kofer
koper
auto
mobil

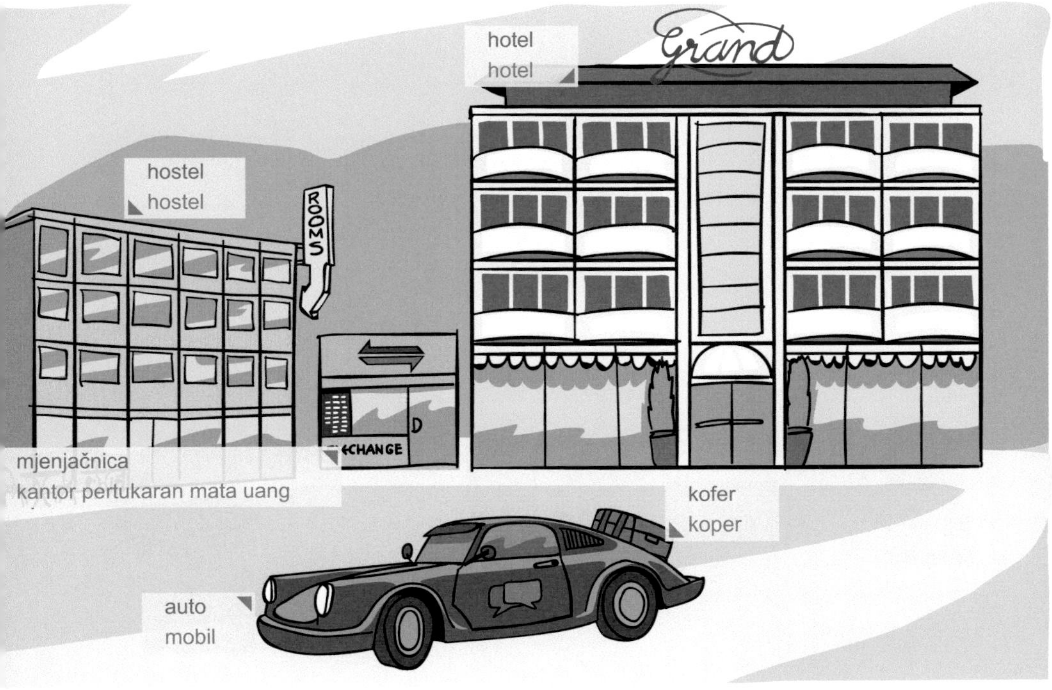

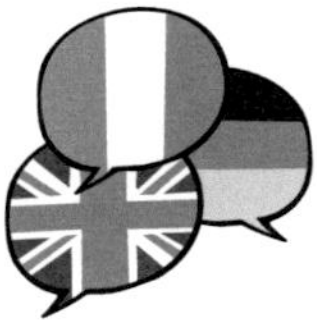

jezik

bahasa

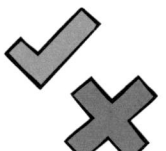

da / ne

ya / tidak

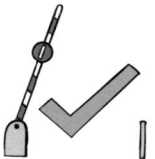

okej

okay

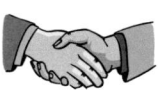

zdravo

hallo

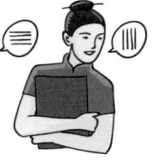

tumač

penerjemah

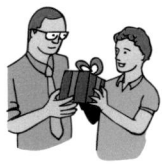

hvala

terima kasih

Koliko košta...?

Berapa harganya…?

Ne razumijem

saya tidak mengerti

problem

masalah

dobro veče!

Selamat malam!

Dobro jutro!

Selamat siang!

Laku noć!

Selamat tidur!

doviđenja

sampai jumpa

smjer

arah

prtljag

bagasi

torba

tas

ruksak

ransel

gost

tamu

soba

ruang

vreća za spavanje

kantong tidur

šator

tenda

turističke informacije

informasi wisata

plaža

pantai

kreditna kartica

kartu kredit

doručak

sarapan

ručak

makan siang

večera

makan malam

putna karta

tiket

lift

elevator

poštanska markica

perangko

granica

perbatasan

carina

cukai

ambasada

kedutaan

viza

visa

pasoš

paspor

transport
transportasi

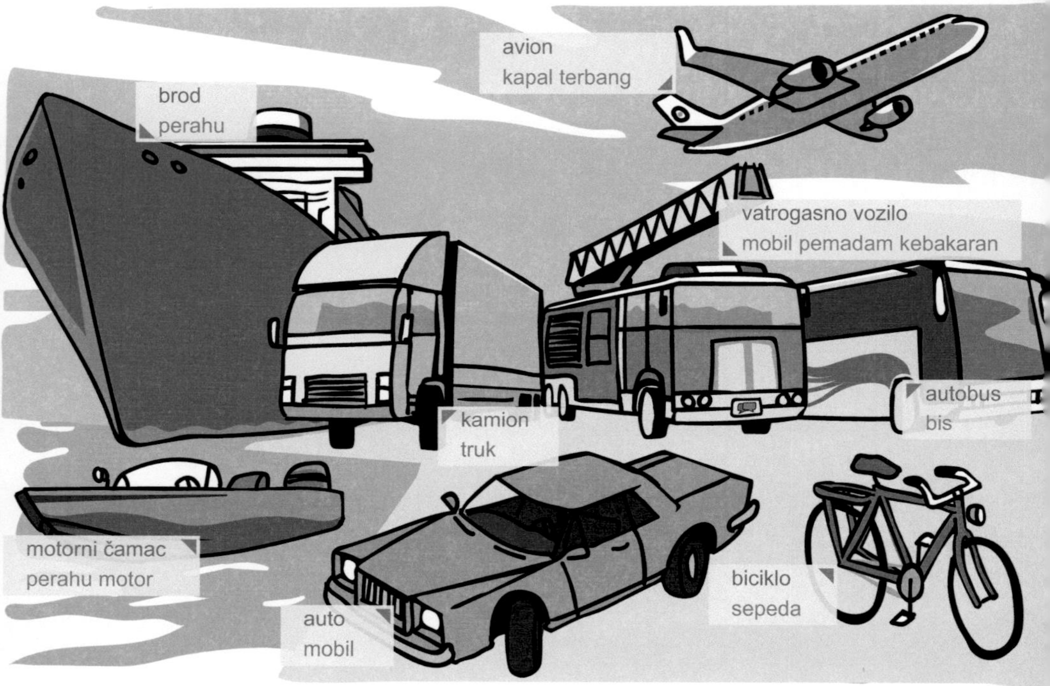
avion
kapal terbang
brod
perahu
vatrogasno vozilo
mobil pemadam kebakaran
autobus
bis
kamion
truk
motorni čamac
perahu motor
biciklo
sepeda
auto
mobil

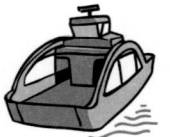

trajekt

feri

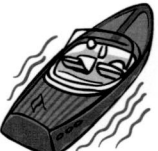

brod

perahu

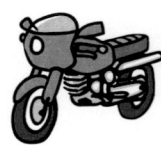

motocikl

sepeda motor

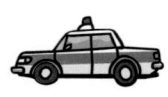

policijski automobil

mobil polisi

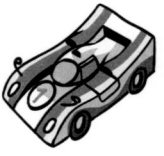

trkaći automobil

mobil balapan

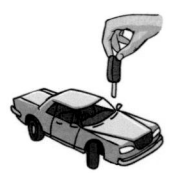

unajmljeni automobil

mobil sewa

kar-šering

berbagi mobil

pauk

truk derek

smećarsko vozilo

truk sampah

motor

motor

gorivo

bahan bakar

benzinska pumpa

bensin

saobraćajni znak

tanda lalulintas

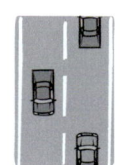

saobraćaj

lalulintas

zastoj

macet

parking

parkir mobil

željeznička stanica

stasiun kereta

šine

trek

voz

kereta api

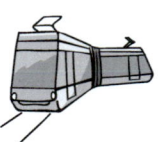

tramvaj

tram

vagon

gerobak

helikopter

helikopter

aerodrom

bendara

toranj

menara

putnik

penumpang

kontejner

container

karton

karton

tačke

troli

korpa

keranjang

poletjeti / sletjeti

berangkat / mendarat

grad

kota

selo

desa

centar grada

pusat kota

kuća

rumah

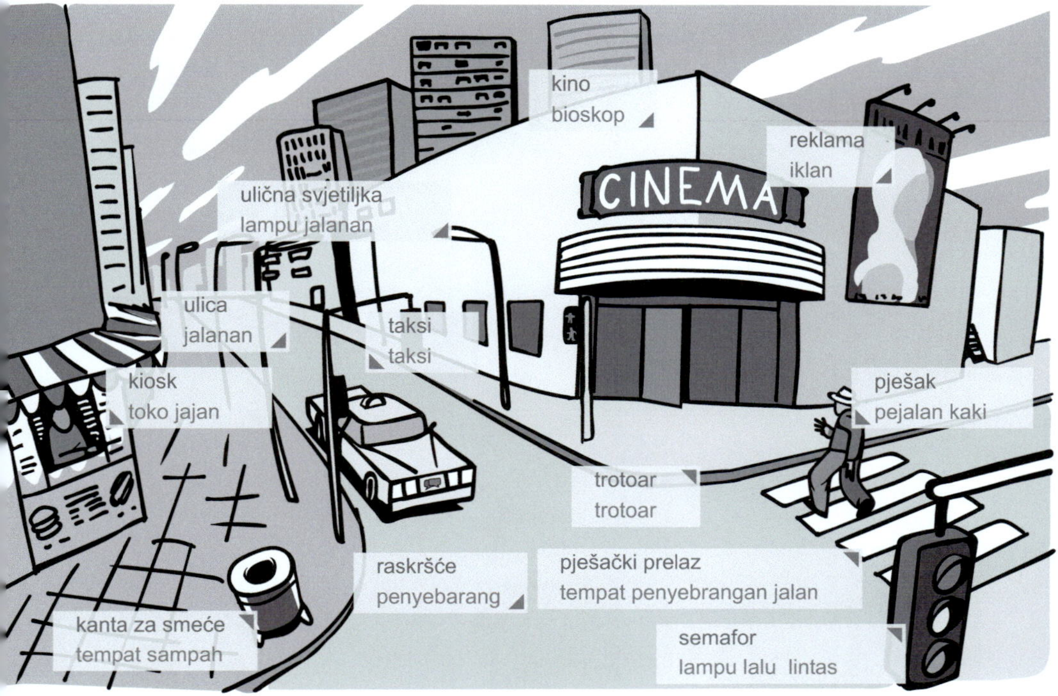

kino
bioskop

reklama
iklan

ulična svjetiljka
lampu jalanan

CINEMA

ulica
jalanan

taksi
taksi

kiosk
toko jajan

pješak
pejalan kaki

trotoar
trotoar

raskršće
penyebarang

pješački prelaz
tempat penyebrangan jalan

kanta za smeće
tempat sampah

semafor
lampu lalu lintas

koliba

gubuk

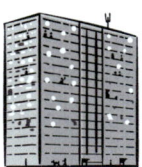

stan

rumah flat

željeznička stanica

stasiun kereta

vjećnica

balai kota

muzej

museum

škola

sekolah

univerzitet

universitas

banka

bank

bolnica

rumah sakit

hotel

hotel

apoteka

farmasi

ured

kantor

knjižara

toko buku

radnja

toko

cvjećara

toko bunga

supermarket

supermarket

pijaca

pasar

robna kuća

toko serba ada

prodavač ribe

nelayan

trgovački centar

pusat belanja

luka

pelabuhan

park

taman

klupa

banku

most

jembatan

stepenice

tangga

podzemna željeznica

kereta bawah tanah

tunel

terowongan

autobuska stanica

pemberhantian bis

bar

bar

restoran

restauran

poštanski sandučić

kotak surat

saobraćajni znak

tanda jalan

sat za naplatu parkinga

meteran parkir

zološki vrt

kebun binatang

bazen

kolam renang

džamija

mesjid

seosko imanje

pertanian

zagađenje okoline

polusi

groblje

kuburan

crkva

gereja

igralište

tempat bermain

hram

pura

krajolik

pemandangan

list
daun

putokaz
penunjuk arah

putokaz
jalanan

livada
padang rumput

kamen
batu

drvo
pohon

putnik
pejalak kaki

rijeka
sungai

trava
rumput

cvijet
bunga

dolina

lembah

brdo

bukit

jezero

danau

šuma

hutan

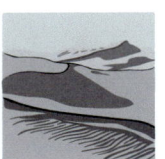

pustinja

padang gurun

vulkan

gunung berapi

dvorac

istana

duga

pelangi

gljiva

jamur

palma

pohon palem

komarac

nyamuk

muha

lalat

mrav

semut

pčela

lebah

pauk

laba-laba

buba

kumbang

žaba

kodok

vjeverica

tupai

jež

landak

zec

kelinci

sova

burung hantu

ptica

burung

labud

angsa

divlja svinja

babi jantan

jelen

rusa

los

rusa

brana

bendungan

vjetrenjača

turbin angin

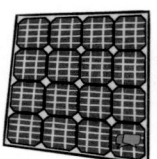

solarni modul

panel surya

klima

iklim

restoran
restauran

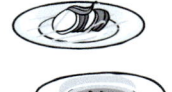

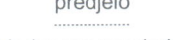

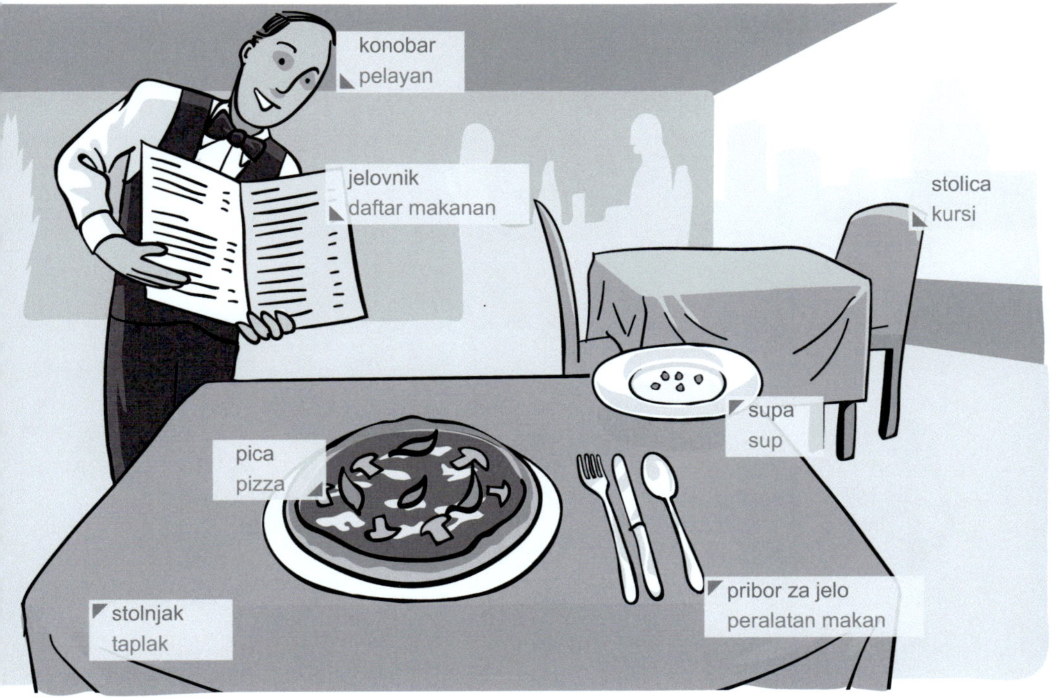

konobar
pelayan
jelovnik
daftar makanan
stolica
kursi
supa
sup
pica
pizza
pribor za jelo
peralatan makan
stolnjak
taplak

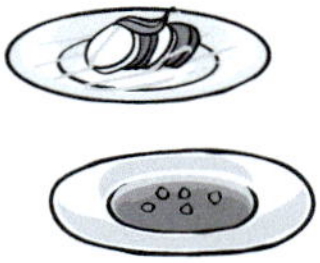

predjelo

hindangan pembuka

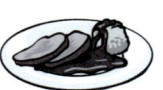

glavno jelo

hidangan utama

desert

hidangan penutup

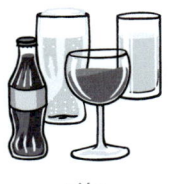

piće

minuman

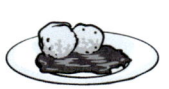

jelo

makanan

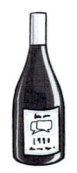

flaša

botol

brza hrana

fastfood

jelo sa ulice

masakan jalanan

čajnik

teko teh

šećernica

kaleng gula

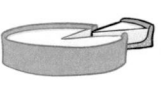

porcija

porsi

mašina za espreso

mesin espresso

barska stolica

kursi tinggi

račun

tagihan

tacna

baki

nož

pisau

viljuška

garpu

kašika

sendok

kašičica

sendok teh

salveta

serbet

čaša

gelas

tanjir
piring

tanjir za supu
piring sup

tanjurić
lepek

sos
saus

solanik
tempat garam

mlin za biber
gilingan merica

sirće
cuka

ulje
minyak

začini
bumbu

kečap
saus tomat

senf
mustar

majoneza
mayones

supermarket

supermarket

ponuda
penawaran khusus
FOR
klijent
klien
mliječni proizvodi
produk susu
voće
buah
kolica za kupovinu
troli

BUTCHERS

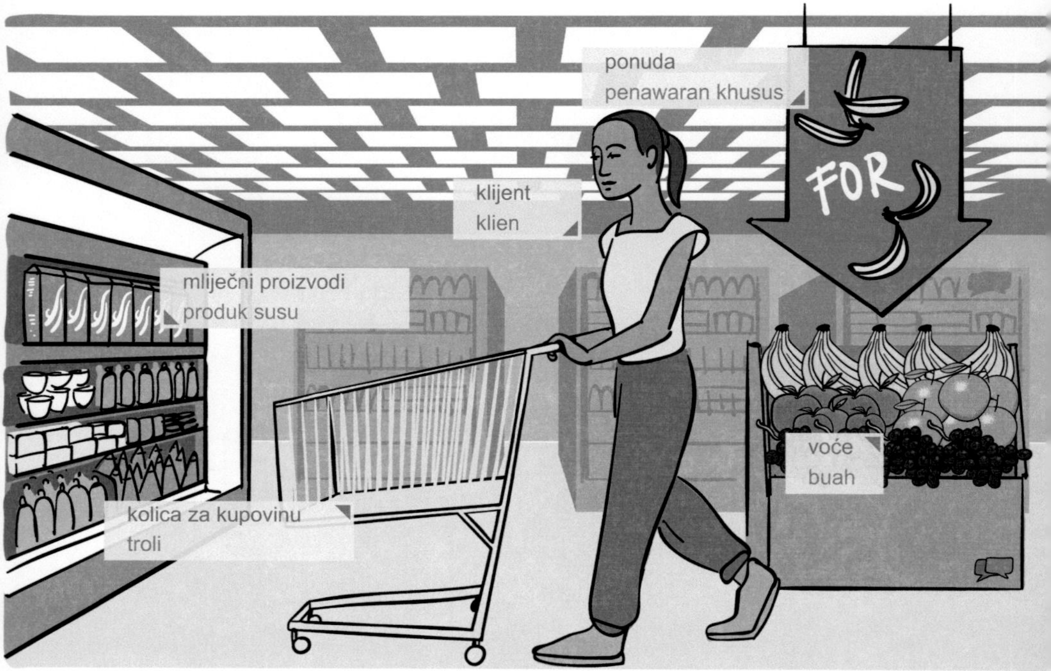

mesnica- klaonica

pembantai

BAKERY

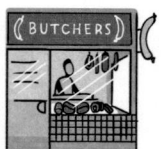

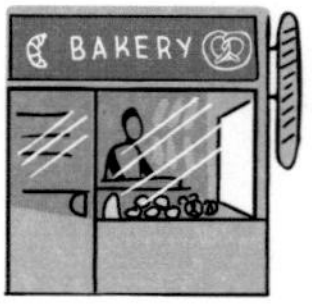

pekara

toko roti

vagati

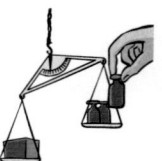

menimbang

povrće

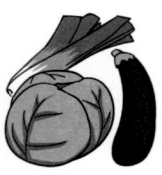

sayur

meso

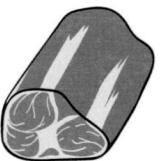

daging

zaleđena hrana

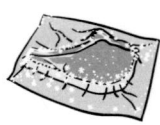

makanan beku

narezak

pemotongan dingin

konzerve

makanan kaleng

prašak za veš

sabun serbuk

slatkiši

permen

kućanski proizvodi

alat-alat rumah tangga

sredstvo za čišćenje

obat pembersihan

prodavačica

penjual

kasa

kasa

blagajnik

kasir

lista za kupovinu

daftar belanja

radno vrijeme

jam buka

novčanik

dompet

kreditna kartica

kartu kredit

torba

tas

najlonska vrećica

kantong plastik

voda

air

sok

jus

mlijeko

susu

kola

cola

vino

anggur

pivo

bir

alkohol

alkohol

kakao

coklat

čaj

teh

kafa

kopi

espreso

espresso

kapućino

cappucino

banana

pisang

jabuka

apel

narandža

jeruk

lubenica

semangka

limun

jeruk lemon

mrkva

wortel

bijeli luk

bawang putih

bambus

bambu

crveni luk

bawang bombai

gljiva

jamur

orašasti plodovi

kacang

pasta

mi

špagete

spagetti

riža

nasi

salata

salat

pomfrit

kentang goreng

pečeni krompir

kentang goreng

pica

pizza

hamburger

hamburger

sendvič

sandwich

šnicla

sayatan

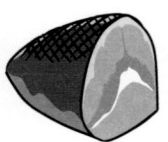

šunka

ham

kobasica

salami

kobasica

sosis

kokoš

ayam

pečenje

menggoreng

riba

ikan

zobene pahuljice

bubur gandum

muzli

sereal

kornfleks

cornflakes

brašno

tepung

kroason

croissant

zemičke

roti

kruh

roti

tost

toast

keksi

biskuit

maslac

mentega

svježi sir

dadih

kolač

kue

jaje

telur

jaje na oko

telur goreng

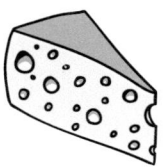

sir

keju

sladoled

eskrim

šećer

gula

med

madu

marmelada

selai

nugat krema

krim nugat

kuri

kare

seosko imanje
pertanian

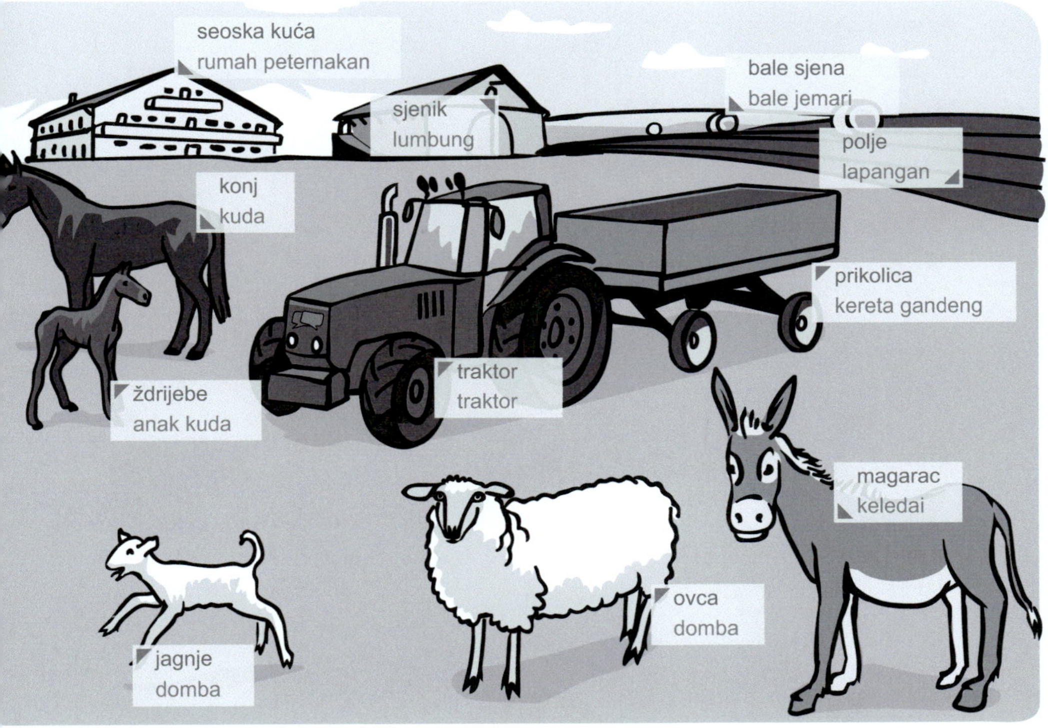

seoska kuća
rumah peternakan
sjenik
lumbung
bale sjena
bale jemari
polje
lapangan
konj
kuda
prikolica
kereta gandeng
traktor
traktor
ždrijebe
anak kuda
magarac
keledai
ovca
domba
jagnje
domba

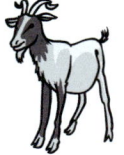

koza
kambing

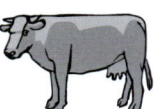

krava
sapi

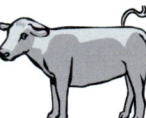

tele
betis

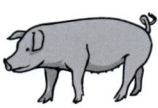

svinja
babi

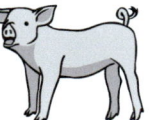

prase
celeng

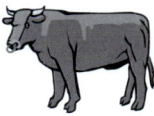

bik
banteng

guska

angsa

patka

bebek

pile

anak ayam

kokoška

ayam

pjetao

ayam jantan

pacov

tikus

mačka

kucing

miš

tikus

vol

lembu

pas

anjing

pseća kućica

rumah anjing

crijevo za baštu

selang

kanta za zalijevanje

penyiram

kosa

sabit

plug

bajak

srp

sabit

motika

cangkul

vile

garpu rumput

sjekira

kapak

tačke

gerobak

korito

palung

bokal za mlijeko

kaleng susu

vreća

karung

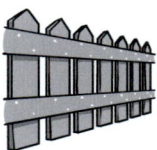

ograda

pagar

štala

kandang

staklenik

rumah kaca

tlo

tanah

sjeme

benih

đubrivo

pupuk

kombajn

mesin pemanen

kositi
....
panen

žetva
....
panen

jam korijen
....
yams

pšenica
....
gandum

soja
....
kedelai

krompir
....
kentang

kukuruz
....
jagung

uljana repica
....
lobak

drvo voća
....
pohon buah

manioka
....
singkong

žito
....
sereal

kuća
rumah

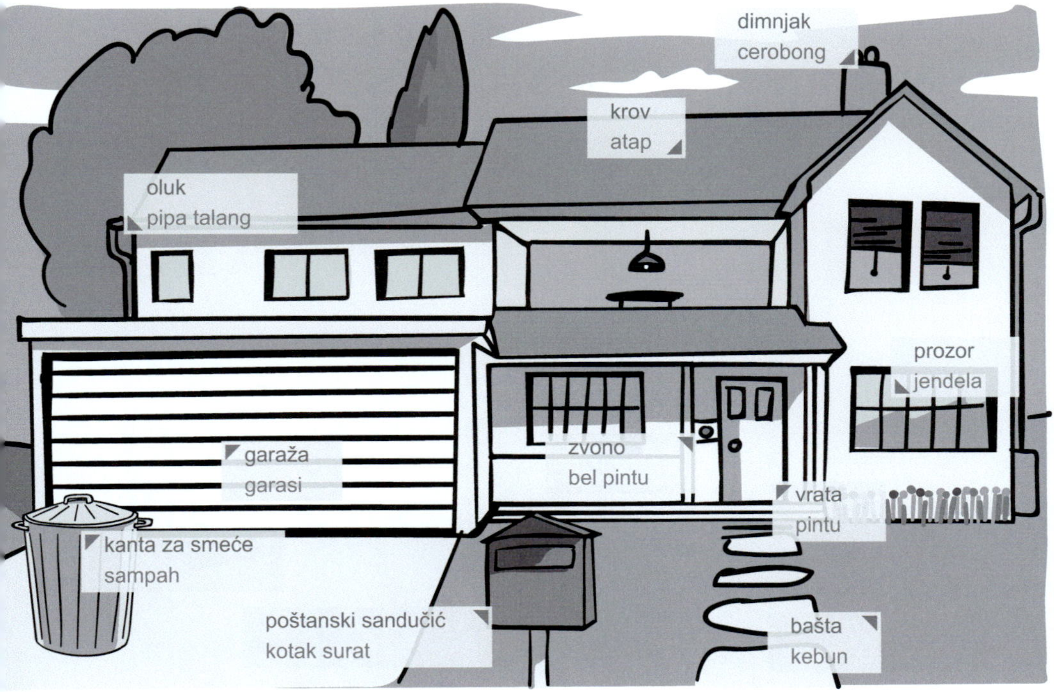

dimnjak
cerobong
krov
atap
oluk
pipa talang
prozor
jendela
zvono
bel pintu
garaža
garasi
vrata
pintu
kanta za smeće
sampah
poštanski sandučić
kotak surat
bašta
kebun

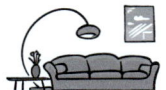

dnevni boravak
ruang tamu

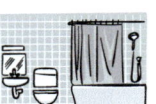

kupatilo
kamar mandi

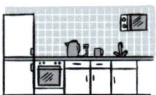

kuhinja
dapur

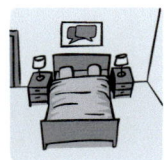

spavaća soba
kamar tidur

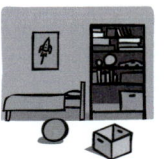

dječija soba
kamar anak

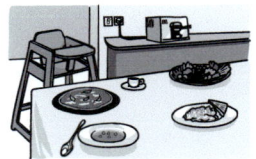

trpezarija
kamar makan

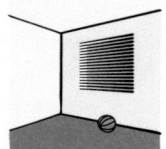

pod, tlo

lantai

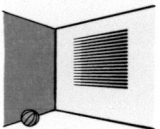

zid

tembok

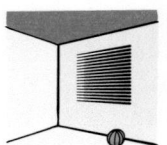

plafon

atap

podrum

gudang di bawah tanah

sauna

sauna

balkon

balkon

terasa

teras

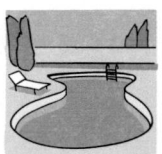

bazen

kolam renang

kosilica

mesin pemotong rumput

posteljina

sprei

pokrivač

selimut

krevet

tempat tidur

metla

sapu

kanta

ember

prekidač

tombol

dnevni boravak
ruang tamu

tapeta
kertas dinding
fotografija
gambar
lampa
lampu
polica
rak
ormar
kabinet
televizija
televisi
dimnjak
perapian
cvijet
bunga
jastuk
bantal
kauč
sofa
vaza
vas
daljinski upravljač
remote control

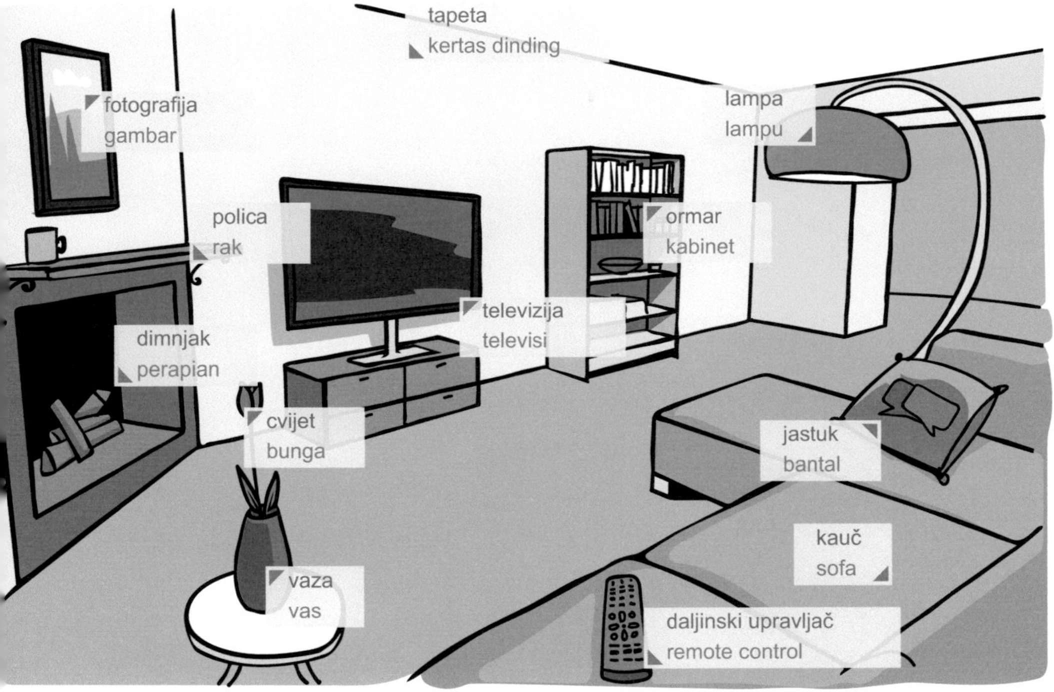

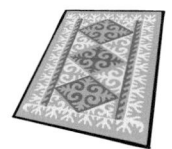

tepih

karpet

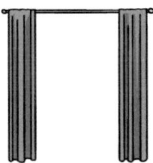

zavjesa

korden

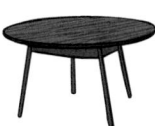

stol

meja

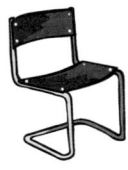

stolica

kursi

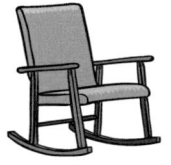

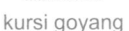

stolica za ljuljanje

kursi goyang

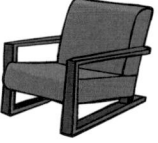

fotelja

kursi malas

knjiga

buku

deka

selimut

dekoracija

dekorasi

ložno drvo

kayu bakar

film

filem

stereo uređaj

hi-fi

ključ

kunci

novine

koran

umjetnička slika

lukisan

poster

poster

radio

radio

blok za bilješke

buku tulis

usisavač

penyedot debu

kaktus

kaktus

svijeća

lilin

kuhinja
dapur

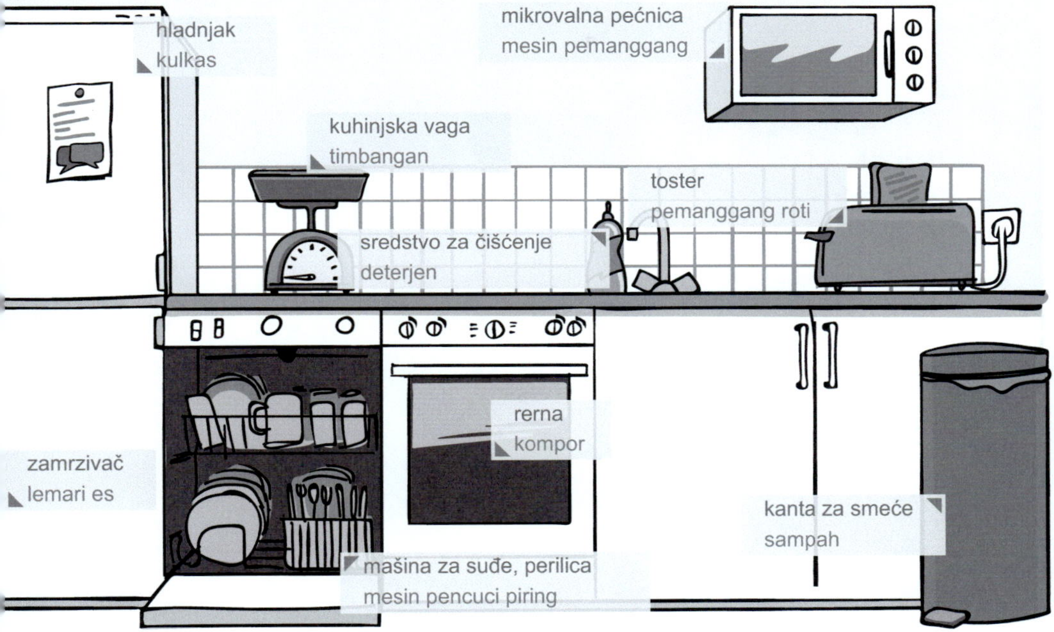

hladnjak
kulkas
mikrovalna pećnica
mesin pemanggang
kuhinjska vaga
timbangan
toster
pemanggang roti
sredstvo za čišćenje
deterjen
rerna
kompor
zamrzivač
lemari es
kanta za smeće
sampah
mašina za suđe, perilica
mesin pencuci piring

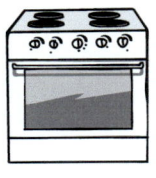

peć
kompor

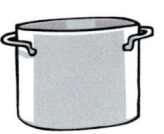

lonac
panci

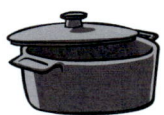

metalni lonac
panci besi

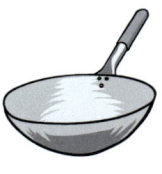

vok / kadai
wajan

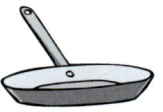

tava, tiganj
panci

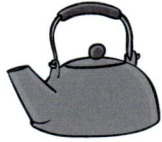

kuhalo
pemanas air

aparat za kuhanje na pari

panci pengukus makanan

lim za pečenje

nampan

posuđe

piring

šalica

cangkir

činija

mangkok

kineski štapići

sumpit

kutlača

sendok sup

lopatica

sudip

metlica za snijeg bjelanjca

mengocok

sito za kuhanje

saringan

sito

saringan

ribež

parutan

avan s tučkom

mortir

roštilj

barbeque

ložište

api terbuka

daska

papan memotong

oklagija

gilingan

vadičep

alat pembuka botol

konzerva

kaleng

otvarač za konzerve

pembuka kaleng

krpe za lonac

pegangan panci

sudoper

wastafel

četka

sikat

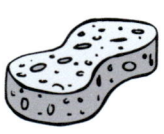

spužva

busa

mikser

mesin pencampur

zamrzivač

lemari es

flašica za bebu

botol bayi

slavina

keran

kupatilo
kamar mandi

grijanje
mesin pemanas
peškir
handuk
tuš
mandi
zavjesa za tuš
tirai kamar mandi
pjenušava kupka
mandi busa
kada
bak mandi
čaša
gelas
mašina za veš
mesin cuci
slavina
keran
pločice
ubin
dječja kahlica
pispot
sudoper
wastafel

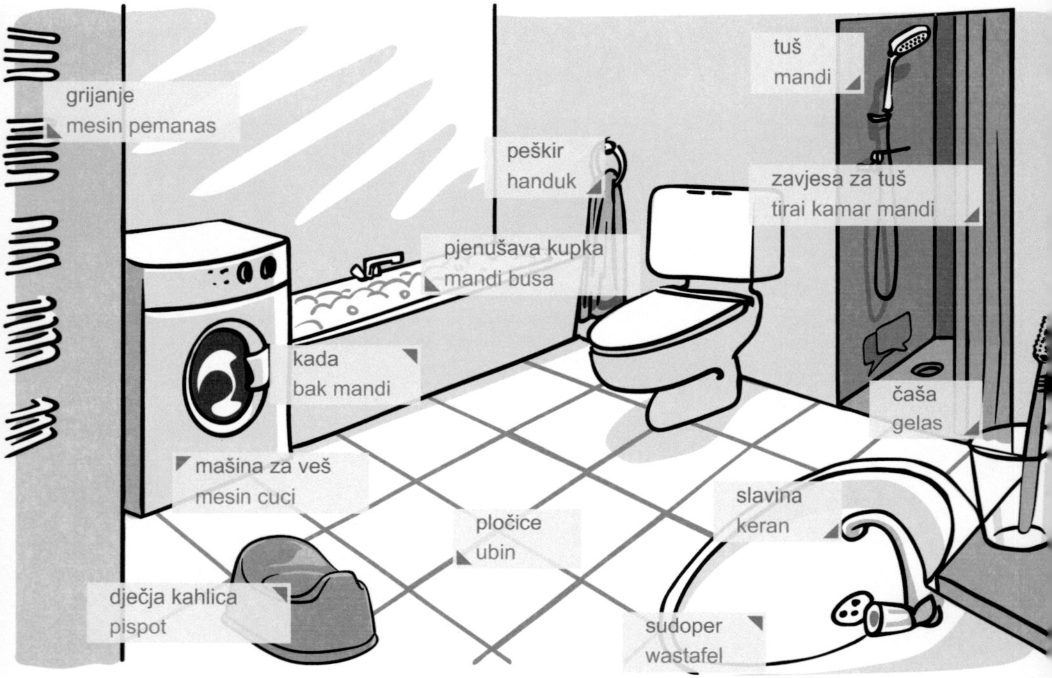

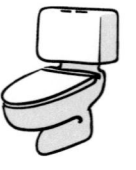

toalet

toilet

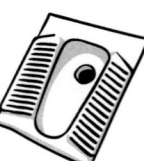

čučavac

toilet jongkok

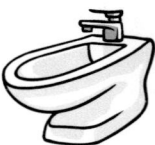

bide

bidet

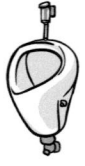

pisoar

pissoir

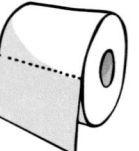

toalet papir

kertas toilet

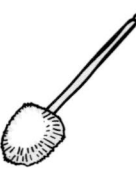

četka za wc

sikat toilet

četkica za zube

sikat gigi

pasta za zube

pasta gigi

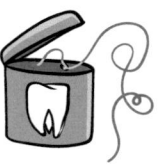

zubni konac

benang gigi

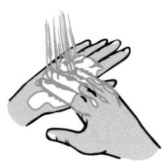

prati

menyuci

tuš

pancuran tangan

intimni tuš

pancuran

lavor

bak

četka za leđa

sikat punggung

sapun

sabun

gel za tuširanje

gel mandi

šampon

sampo

krpe za pranje

planel

odvod

kuras

krema

krim

dezodorans

deodoran

ogledalo

kaca

ogledalo za šminkanje

cermin tangan

brijač

pisau cukur

pjena za brijanje

busa cukur

vodica poslije brijanja

aftershave

češalj

sisir

četka

sikat

fen

alat pengering rambut

sprej za kosu

semprot rambut

puder

makeup

karmin

lipstik

lak za nokte

cat kuku

vata

kapas

makazice za nokte

gunting kuku

parfem

minyak wangi

kozmetička torbica

kantong pencuci

hoklica

bangku

vaga

timbangan

kupaći ogrtač

mantel mandi

rukavice za čišćenje

sarung tangan karet

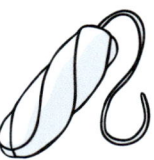

tampon

tampon

uložak za dame

handuk pembalut

hemijski toalet

toilet kimia

dječija soba
kamar anak

budilnik
jam alarm
plišana igračka
boneka tidur
auto za igru
mobil-mobilan
zvečka
kelintung
kućica za lutke
rumah boneka
poklon
kado

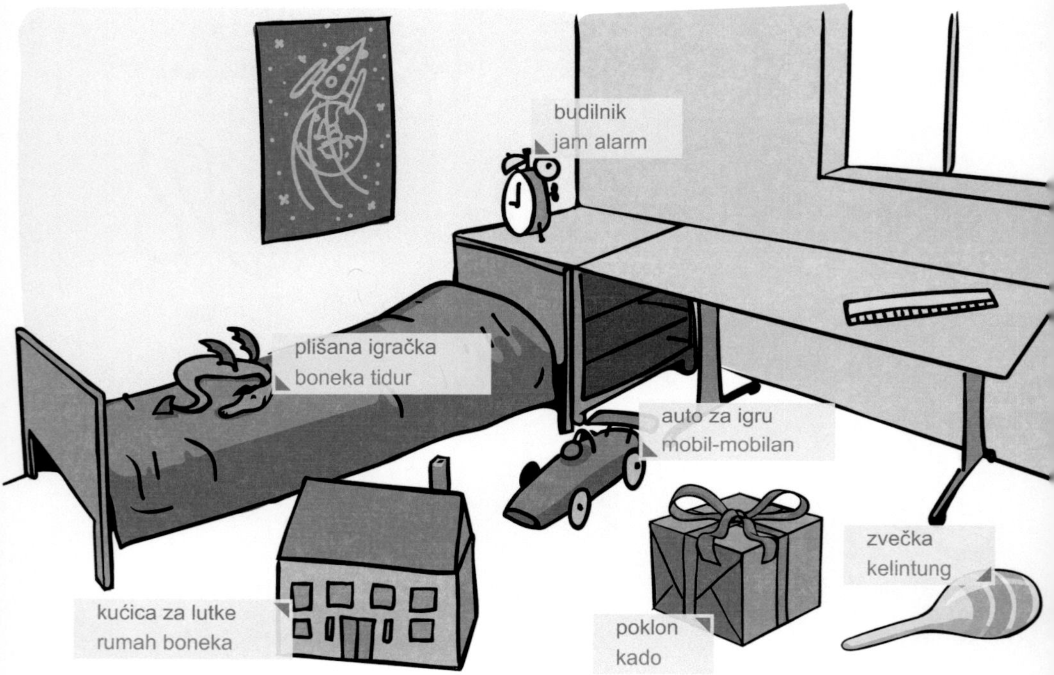

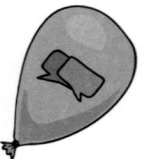

balon

balon

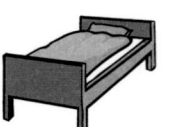

krevet

tempat tidur

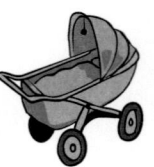

kolica za djecu

kereta bayi

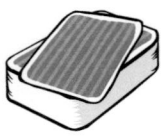

karte za igranje

mainan kartu

puzle

teka-teki

SUPER
MEGA

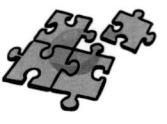

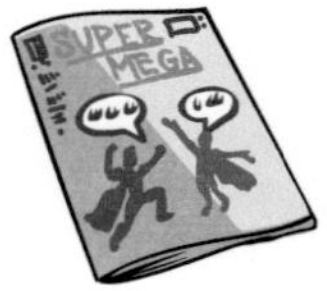

strip

komik

lego kockice

mainan lego

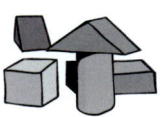

kockice za gradnju

blok mainan

akcione figure

figur aksi

benkica

baju monyet

frizbi

frisbee

mobile

mobile

igra na ploči

permainan papan

kocka

dadu

miniatura željeznice

set model kreta api

cucla

dot

zabava

pesta

slikovnica

buku gambar

lopta

bola

lutka

boneka

igrati

bermain

pješćanik
tempat main pasir

ljuljačka
ayunan

igračke
mainan

konzola za igru
video game konsol

triciklo
sepeda roda tiga

medvjedić
teddy

ormar
lemari pakaian

odjeća
pakaian

kratke čarape
kaos kaki

čarape
kaos kaki

hulahopke
baju ketat

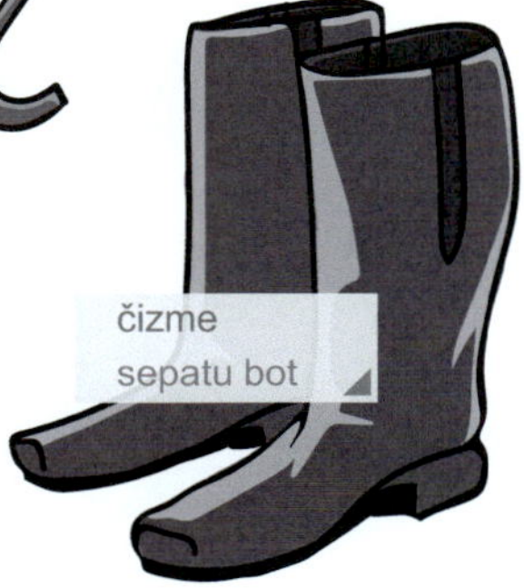

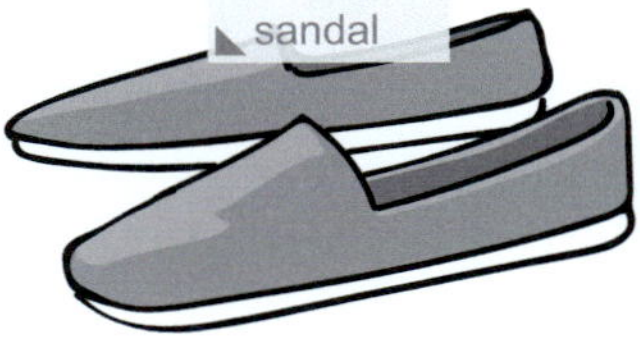

šal
syal

kišobran
payung

kaiš
sabuk

majica kratkih rukava
kaos

čizme
sepatu bot

papuče
sandal

patike
sepatu

sandale

sandal

cipele

sepatu

gumene čizme

sepatu bot karet

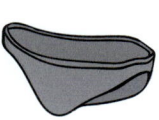

gaće

celana dalam

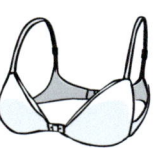

grudnjak

BH

potkošulja

baju rompi

odjeća - pakaian

bodi
body

hlače
celana

farmerke
jeans

suknja
rok

bluza
blus

košulja
kemeja

džemper
aket berkerudung

majica
sweater

sako
jaket

jakna
jaket

mantil
mantel

kišni mantil
jas hujan

kostim
kostum

haljina
gaun

vjenčanica
gaun pengantin

odijelo

setelan resmi

spavaćica

gaun tidur

pidžama

piyama

sari

sari

marama

jilbab

turban

turban

burka

burka

kaftan

kaftan

abaja

abaya

kupaći kostim

pakaian renang

kupaće gaće

celana renang

kratke hlače

celana pendek

trenerka

olah raga

pregača

celemek

rukavice

sarung tangan

dugme

kancing

naočare

kacamata

narukvica

gelang

ogrlica

kalung

prsten

cincin

naušnica

anting

kapa

topi

vješalica

gantungan mantel

šešir

topi

kravata

dasi

patentni zatvarač

ritsleting

kaciga

helm

tregeri za hlače

tali selempang

školska uniforma

seragam sekolah

uniforma

seragam

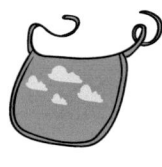

podbradak

oto

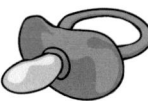

cucla

dot

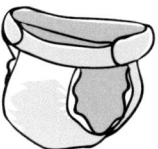

pelene

popok

ured

kantor

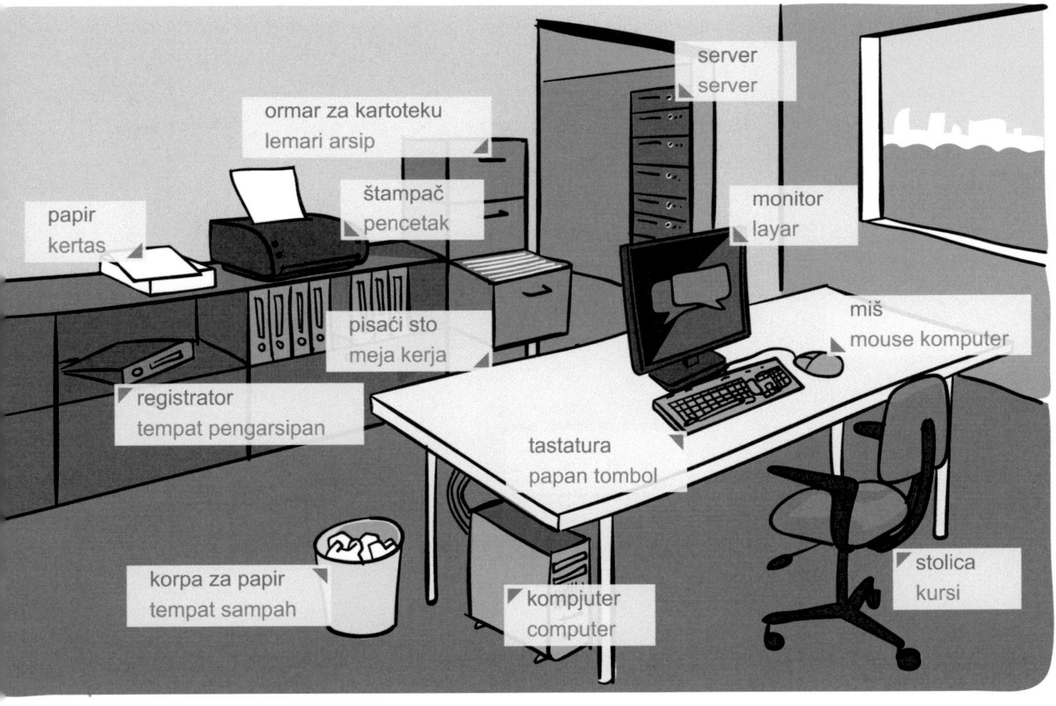
server
server
ormar za kartoteku
lemari arsip
štampač
pencetak
papir
kertas
monitor
layar
miš
mouse komputer
pisaći sto
meja kerja
registrator
tempat pengarsipan
tastatura
papan tombol
korpa za papir
tempat sampah
kompjuter
computer
stolica
kursi

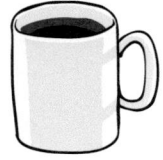

šolja za kafu

cangkir kopi

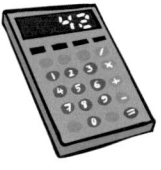

kalkulator

kalkulator

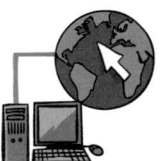

internet

internet

laptop

laptop

pismo

surat

poruka

pesan

mobilni telefon

telepon seluler

mreža

jaringan

aparat za kopiranje

fotokopi

softver

software

telefon

telepon

utičnica

plug soket

faks

mesin fax

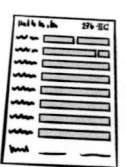

formular

formulir

dokument

dokumen

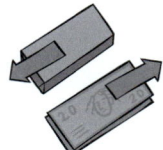

kupovati

membeli

platiti

membayar

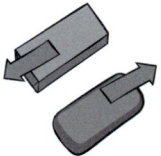

trgovati

berdagang

novac

uang

dolar

Dollar

euro

Euro

jen

Yen

rublja

Rubel

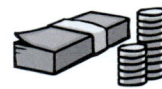

franak

Franc Swiss

renminbi jen

Renminbi Yuan

rupi

Rupiah

bankomat

ATM

mjenjačnica

kantor pertukaran mata
uang

zlato

emas

srebro

perak

nafta

minyak

energija

energi

cijena

harga

ugovor

kontrak

porez

pajak

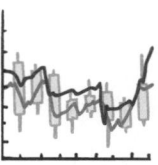

akcija

saham

raditi

bekerja

službenik

karyawan

poslodavac

majikan

fabrika

pabrik

radnja

toko

zanimanja
pekerjaan

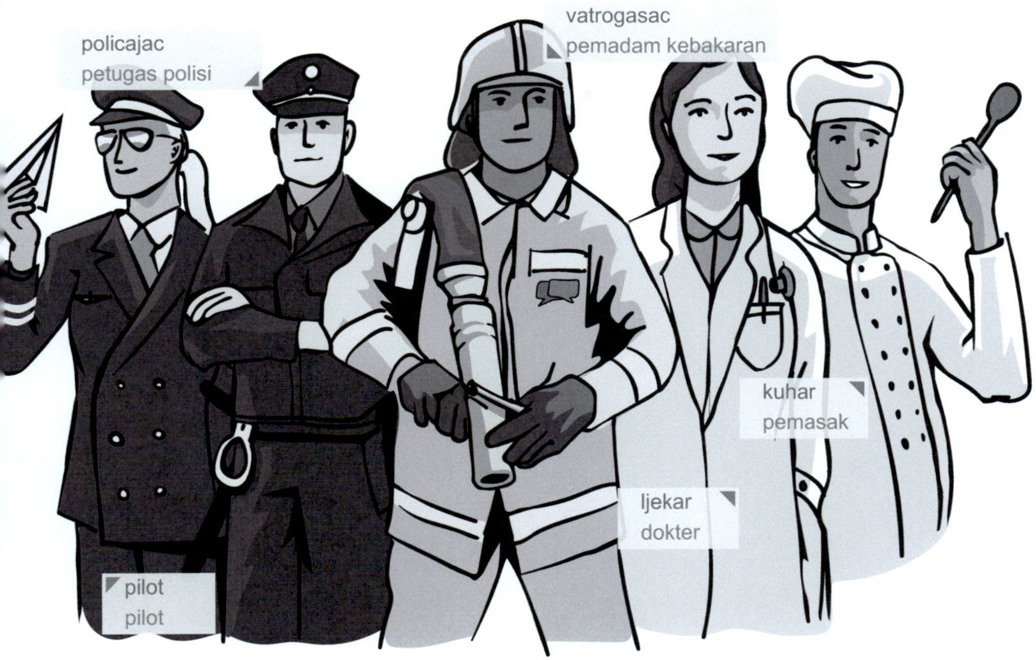
policajac
petugas polisi
vatrogasac
pemadam kebakaran
kuhar
pemasak
ljekar
dokter
pilot
pilot

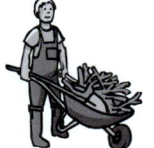

baštovan

tukan kebun

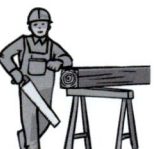

stolar

tukang kayu

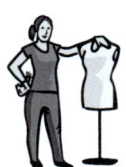

krojačica

penjahit wanita

sudija

hakim

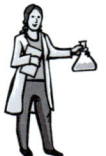

hemičar

ahli kimia

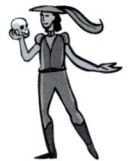

glumac

aktor

vozač autobusa

sopir bis

vozač taksija

sopir taksi

ribar

nelayan

čistačica

pembantu

krovopokrivač

tukang atap

konobar

pelayan

lovac

pemburu

moler

pelukis

pekar

tukang roti

električar

tukang listrik

građevinski radnik

pembangun

inženjer

insinyur

koljač

tukang daging

limar, vodoinstalater

tukang ledeng

poštar

tukang pos

vojnik

tentara

arhitekta

arsitek

blagajnik

kasir

cvjećar

penjual bunga

frizer

penata rambut

kontrolor

konduktor

mehaničar

montir

kapiten

kapten

zubar

dokter gigi

naučnik

ilmuwan

rabin

rabbi

imam

imam

monah

biarawan

sveštenik

pendeta

čekić
palu

kliješta
tang

izvijač
obeng

vijčani ključ
kunci

džepna lampa
obor

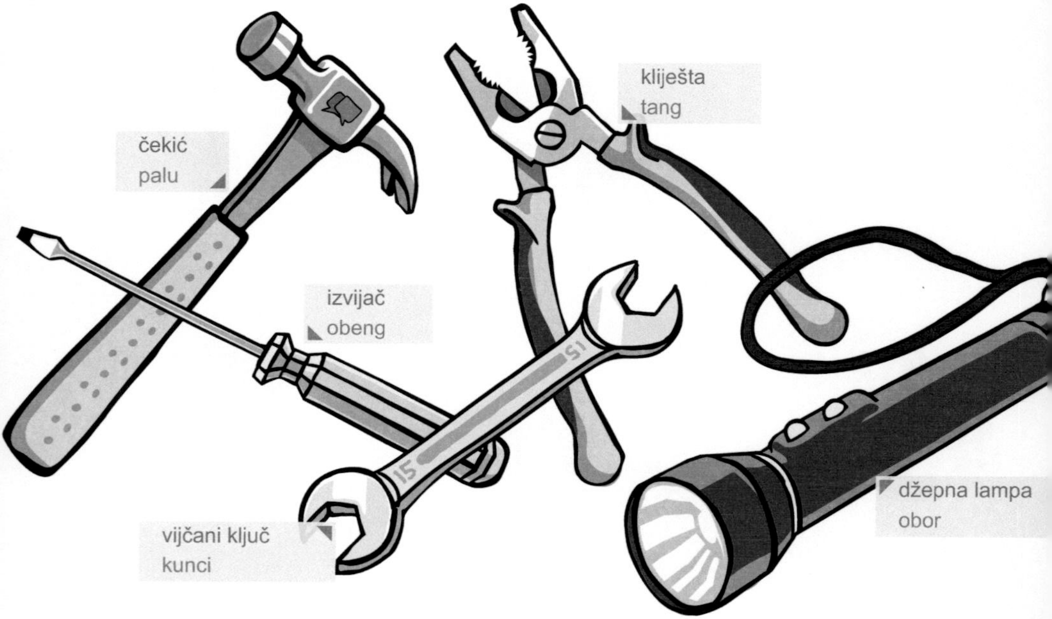

bager

penggali

kutija sa alatom

tas perkakas

ljestve

tangga

testera, pila

gergaji

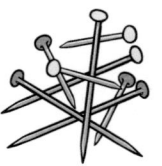

ekser

paku

bušilica

bor

alat - alat

popraviti

perbaikan

lopata

sekop

sranje!

Sialan!

lopatica

cikrak

kanta boje

pot cat

vijak

sekrup

muzički instrumenti
alat musik

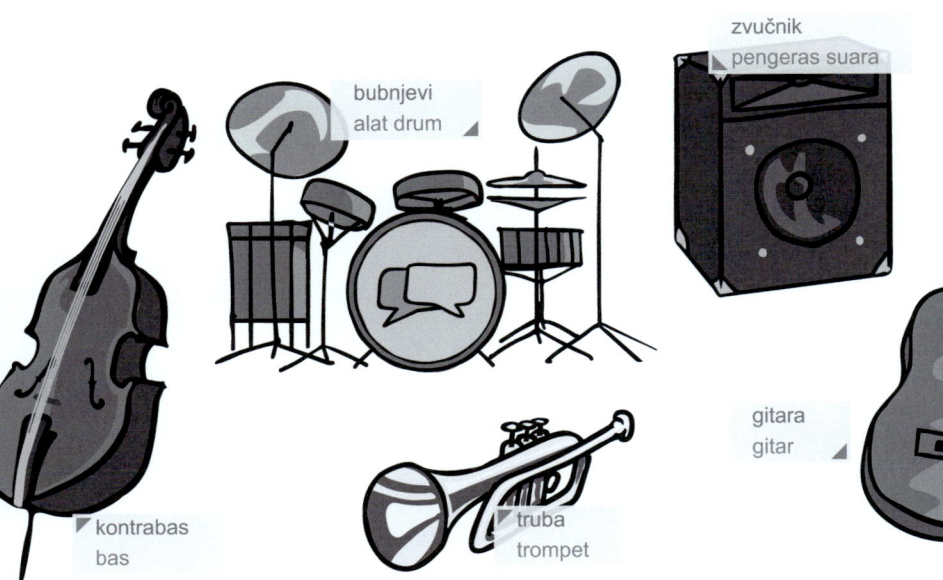

zvučnik
pengeras suara

bubnjevi
alat drum

gitara
gitar

kontrabas
bas

truba
trompet

klavir

piano

violina

violin

bas

bass

bubanj timpani

tambur

bubanj

drum

sintisajzer

keyboard

saksofon

saksofon

flauta

suling

mikrofon

mikrofon

tigar
macan

ulaz
pintu masuk

kavez
kandang

zebra
sebra

hrana za životinje
pakan ternak

panda
panda

životinje
hewan

slon
gajah

kengur
kanguru

nosorog
badak

gorila
gorila

medvjed
beruang

kamila

unta

noj

burung unta

lav

singa

majmun

monyet

flamingo

flamingo

papagaj

burung beo

polarni medvjed

beruang polar

pingvin

penguin

morski pas

hiu

paun

merak

zmija

ular

krokodil

buaya

čuvar u zološkom vrtu

penjaga kebun binatang

tuljan

segel

jaguar

jaguar

poni

kuda poni

leopard

macan tutul

nilski konj

kuda nil

žirafa

jerapah

orao

burung elang

divlja svinja

babi jantan

riba

ikan

kornjača

kura-kura

morž

anjing laut

lisica

rubah

gazela

kijang

američki fudbal
american football

vožnja bicikla
naik sepeda

tenis
tennis

košarka
basketbal

plivanje
bernang

boks
tinju

hokej na ledu
hoki es

fudbal
sepak bola

bedminton
badminton

laka atletika
atletik

rukomet
bola tangan

skijanje
main ski

polo
polo

skakati
meloncat

smijati se
ketawa

zagrliti
memeluk

ići
berjalan

pjevati
menyanyi

sanjati
mengimpi

moliti
berdoa

ljubiti
mencium

pisati
menulis

crtati
melukis

pokazati
menunjuk

gurati
mendorong

dati
memberikan

uzeti
mengambil

imati

mempunyai

raditi

melakukan

biti

adalah

stajati

berdiri

trčati

berlari

vući

menarik

baciti

melempar

pasti

jatuh

ležati

tidur

čekati

menunggu

nositi

membawa

sjediti

duduk

obući

berpakaian

spavati

tidur

probuditi

bangun

pogledati

melihat

plakati

menangis

milovati

mengelus

češljati

menyisir

govoriti

berbicara

razumjeti

mengerti

pitati

menanyak

slušati

mendengar

piti

minum

jesti

makan

pospremiti

merapikan

voljeti

cinta

kuhati

memasak

voziti

menyetir

letjeti

terbang

aktivnosti - aktivitas

jedriti

berlayar

računati

menghitung

čitati

membaca

učiti

belajar

raditi

bekerja

vjenčavti

menikah

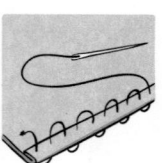

šiti

menjahit

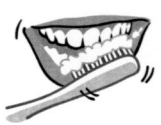

prati zube

sikat gigi

ubiti

membunuh

pušiti

merokok

slati

kirim

porodica
keluarga

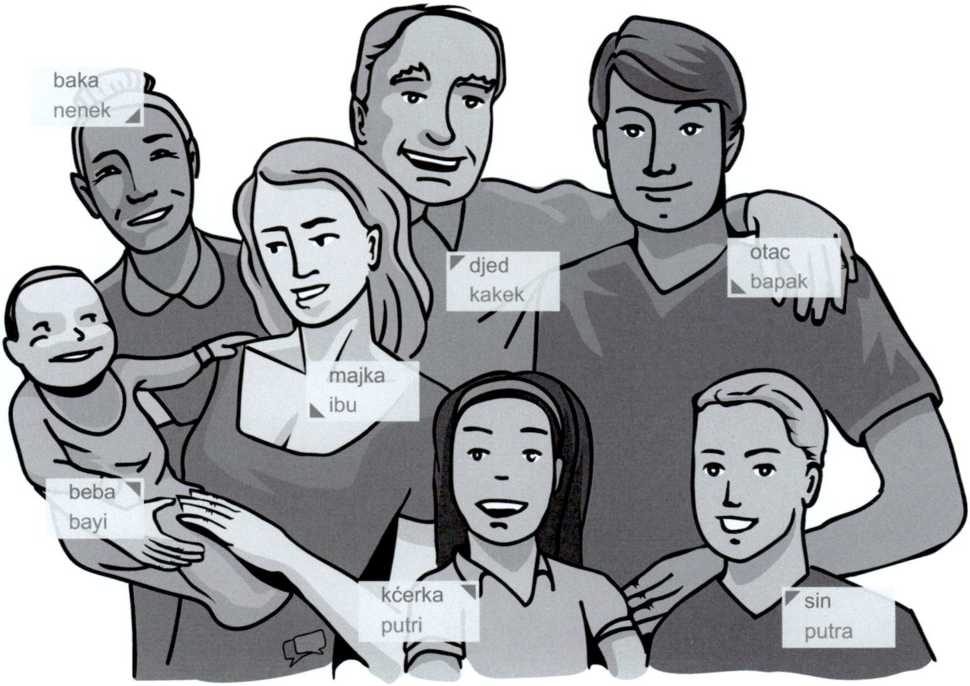
baka
nenek
djed
kakek
otac
bapak
majka
ibu
beba
bayi
kćerka
putri
sin
putra

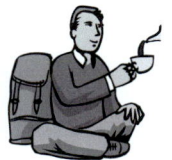

gost

tamu

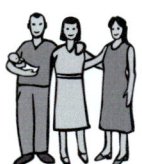

ujna, tetka, strina

bibi

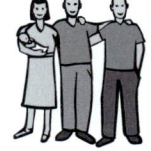

ujak, tetak, stric

paman

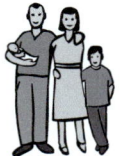

brat

kakak laki

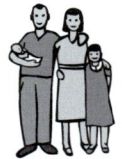

sestra

kakak perempuan

tijelo
badan

čelo
dahi
oko
mata
leđa
bahu
prst
jari
lice
muka
brada
dagu
ruka, šaka
tangan
noga
kaki
grudi
payudara
ruka
lengan

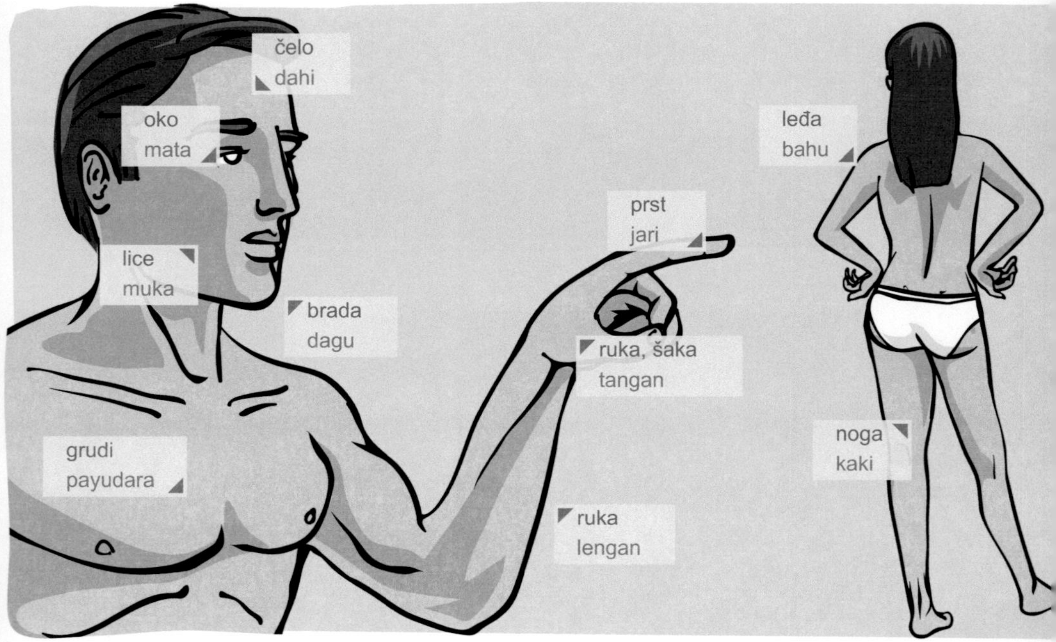

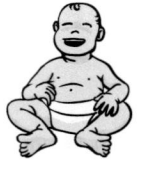

beba
bayi

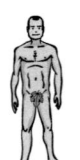

muškarac
pria

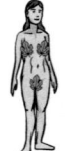

žena
wanita

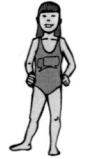

djevojčica
perempuan

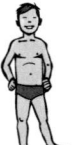

dječak
laki

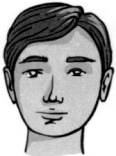

glava
kepala

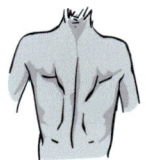

leđa

punggung

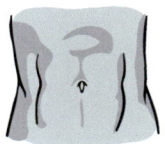

stomak

perut

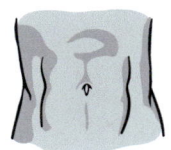

pupak

pusar

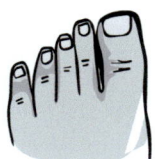

nožni prst

toe

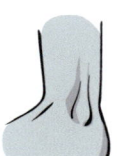

peta

tumit

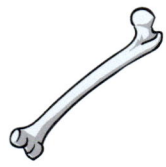

kosti

tulang

kuk

pinggang

koljeno

lutut

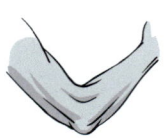

lakat

siku

nos

hidung

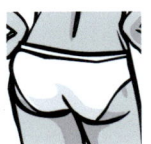

stražnjica

pantat

koža

kulit

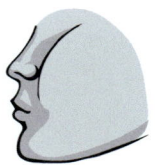

obraz

pipi

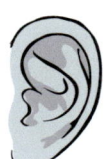

uho

telinga

usna

bibir

usta

mulut

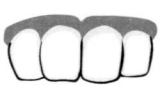

zub

gigi

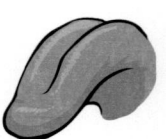

jezik

lidah

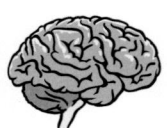

mozak

otak

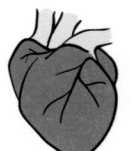

srce

jantung

mišić

otot

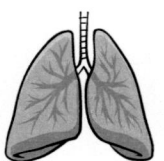

pluća

paru-paru

jetra

hati

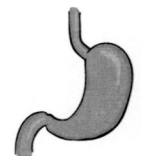

želudac

stomach

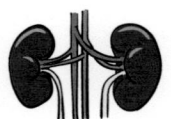

bubreg

ginjal

spolni odnos

hubungan seks

kondom

kondom

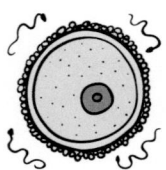

jajna ćelija

sel telur

sperma

sperma

trudnoća

kehamilan

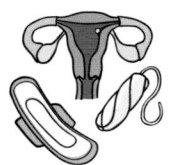

menstruacija
menstruasi

vagina
vagina

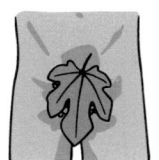

penis
penis

obrva
alis

kosa
rambut

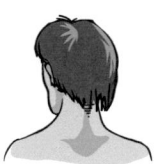

vrat
leher

bolnica
rumah sakit

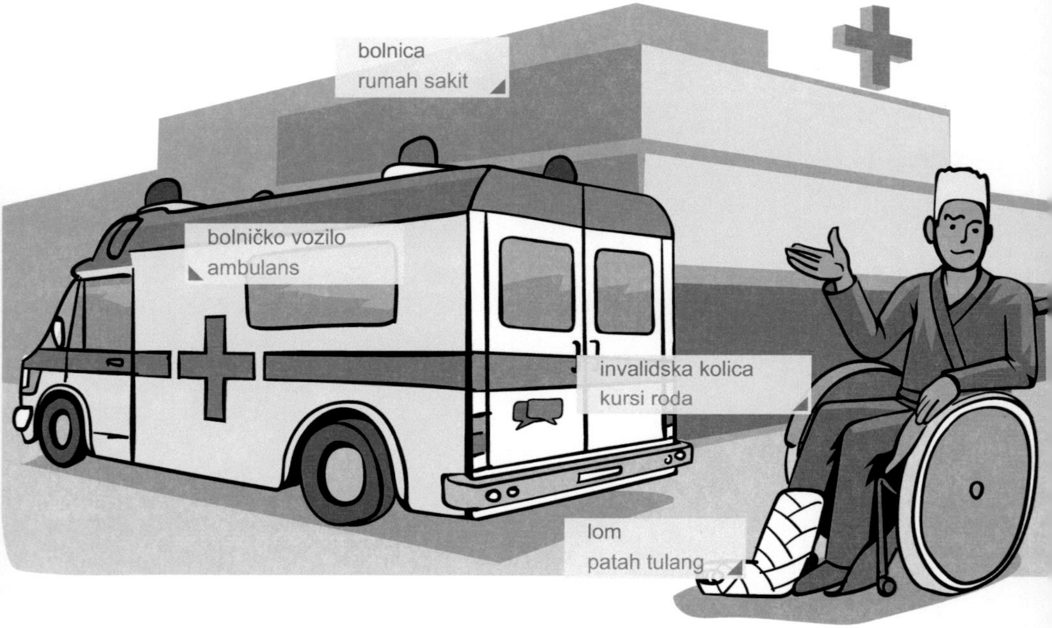

bolnica
rumah sakit
bolničko vozilo
ambulans
invalidska kolica
kursi roda
lom
patah tulang

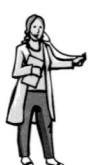

ljekar

dokter

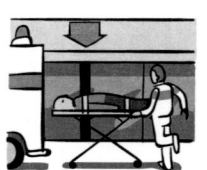

hitna služba

ruang darurat

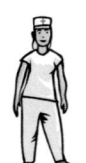

medicinska sestra

perawat

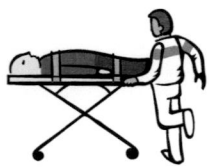

hitna pomoć

darurat

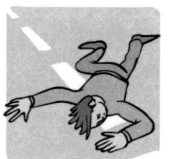

nesvjest

semaput

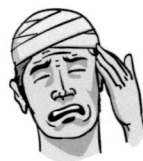

bol

sakit

povreda

cedera

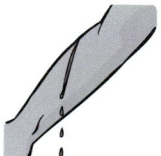

krvarenje

perdarahan

srčani udar, infarkt

serangan jantung

moždani udar

stroke

alergija

alergi

kašalj

batuk

groznica

demam

gripa

flu

proljev

diare

glavobolja

sakit kepala

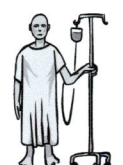

rak

kanker

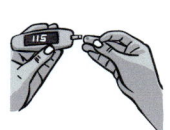

dijabetes

diabetes

hirurg

ahli bedah

skalpel

pisau bedah

operacija

operasi

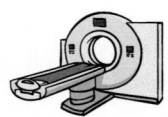

CT
CT

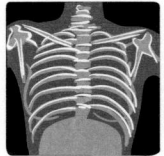

rendgen
sinar x

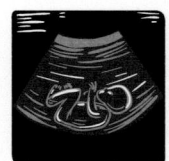

ultrazvuk
usg

maska
topeng

bolest
penyakit

čekaonica
ruang tunggu

štake
penyokong

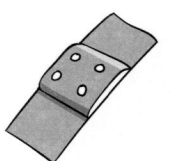

flaster
plester

zavoj
perban

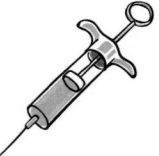

injekcija
injeksi

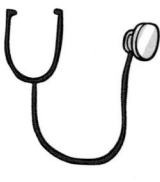

stetoskop
stetoskop

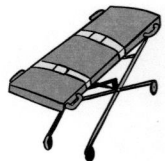

nosilo
usungan

termometar
termometer klinis

porod
kelahiran

prekomjerna težina, debljina
kelebihan berat badan

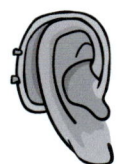

slušni aparat

alat pendengar

sredstvo za dezinfekciju

desinfektan

infekcija

infeksi

virus

virus

HIV/ AIDS

HIV / AIDS

medicina

obat

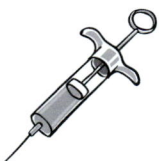

vakcinacija

vaksinasi

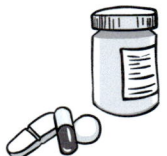

tablete

tablet

pilula

pil

hitni poziv

panggilan darurat

aparat za mjerenje pritiska

ukur tekanan darah

bolestan / zdrav

sakit / sehat

Upomoć!

Tolong!

alarm

alarm

napad, prepad

penyerbuan

napad

serangan

opasnost

bahaya

izlaz u slučaju opasnosti

pintu darurat

Požar!

Api!

vatrogasni aparat

alat pemadam kebakaran

nezgoda

kecelakaan

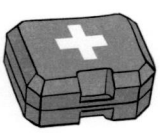

torba prve pomoći

kit pertolongan pertama

SOS

SOS

policija

polisi

Europa

Eropa

Sjeverna Amerika

Amerika Utara

Južna Amerika

Amerika Selatan

Afrika

Afrika

Azija

Asia

Australija

Australi

Atlantik

Atlantik

Pacifik

Pasifik

Indijski okean

Samudra India

Antarktički okean

Samudra Antartika

Arktički okean

Samudra Arktik

Sjeverni pol

kutub utara

Južni pol

kutub selatan

Antarktik

Antarktika

Zemlja

bumi

zemlja

tanah

more

laut

ostrvo

pulau

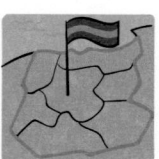

nacija

bangsa

država

negara

brojčanik sata

jam wajah

kazaljka sata

jarum pendek

kazaljka minute

jarum menit

kazaljka sekunde

jarum detik

Koliko je sati?

Jam berapa?

dan

hari

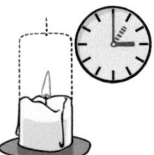

vrijeme

waktu

sada

sekarang

digitalni sat

jam digital

minuta

menit

sat

jam

ponedjeljak
Senin

MO

W

srijeda
Rabu

petak
Jumat

FR

TU

TH

SA

subota
Sabtu

SO

utorak
Selasa

četvrtak
Kamis

nedjelja
Minggu

juče
kemaren

danas
hari ini

sutra
besok

jutro
pagi

podne
siang

veče
malam

radni dani
hari kerja

vikend
akhir minggu

kiša
hujan

duga
pelangi

vjetar
angin

snijeg
salju

proljeće
musim semi

jesen
musim gugur

ljeto
musim panas

zima
musim dingin

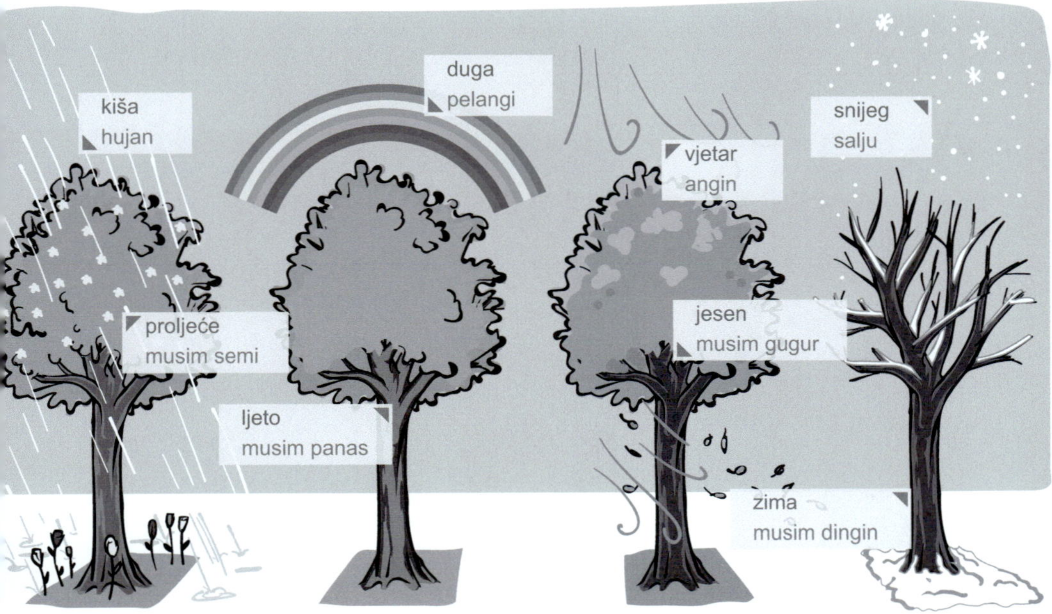

prognoza vremena

ramalan cuaca

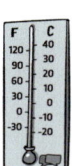

termometar

termometer

sunčev sjaj

matahari

oblak

awan

magla

kabut

vlažnost vazduha

kelembahan

munja

kilat

grom

guntur

oluja

badai

tuča, led

hujan es

monsun

monsun

poplava

banjir

led

es

januar

Januari

februar

Februari

mart

Maret

april

April

maj

Mei

juni

Juni

juli

Juli

avgust

Agustus

godina - tahun

septembar
....
September

oktobar
....
Oktober

novembar
....
November

decembar
....
Desember

krug
....
lingkaran

kvadrat
....
persegi

pravougao
....
persegi panjang

trougao
....
segi tiga

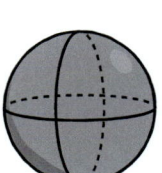

kugla
....
bola

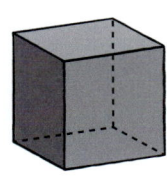

kocka
....
kubus

bjel
....
putih

žut
....
kuning

narandžast
....
oranye

pink
....
pink

crven
....
merah

ljubičast
....
ungu

plav
....
biru

zelen
....
hijau

smeđ
....
coklat

siv
....
abu-abu

crn
....
hitam

malo / mnogo

banyak / sedikit

ljutit / miran

marah / tenang

lijep / ružan

cantik / jelek

početak / kraj

mulaih / selesai

veliki / mali

besar / kecil

svijetlo / tamno

terang / gelap

brat / sestra

saudara laki-laki / saudara perempuan

čist / prljav

bersih / kotor

potpun / nepotpun

lengkap / tidak lengkap

dan / noć

hari / malam

mrtav / živ

mati / hidup

široko / usko

luas / sempit

ukusno / neukusno

dapat dimakan / tidak dapat dimakan

zao / prijatan

jahat / baik

uzbuđen / dosadan

bersemangat / bosan

debeo / mršav

gemuk / kurus

najprije / najkasnije

pertama / terakhir

prijatelj / neprijatelj

teman / musuh

pun / prazan

penuh / kosong

trvd / mekan

keras / lembut

težak / lagan

berat / enteng

glad / žeđ

lapar / haus

bolestan / zdrav

sakit / sehat

ilegalan / legalan

ilegal / legal

inteligentan / glup

cerdas / bodoh

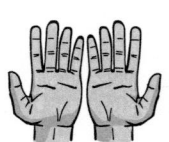

lijevo / desno

kiri / kanan

blizu / daleko

dekat / jauh

nov / polovan

baru / bekas

ništa / nešto

tidak ada apapun / sesuatu

star / mlad

tua / muda

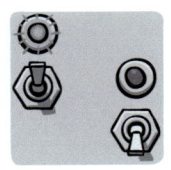

uključeno / isključeno

nyala / mati

otvoreno / zatvoreno

buka / tutup

tiho / glasno

tenang / keras

bogat / siromašan

kaya / miskin

tačno / pogrešno

benar / salah

hrapav / glatak

kasar / halus

tužan / srećan

sedih / gembira

kratak / dug

pendek / panjang

spor / brz

pelan-pelan / cepat

mokro / suho

basah / kering

toplo / hladno

hangat / sejuk

rat / mir

perang / damai

0

nula
nol

1

jedan
satu

2

dva
dua

3

tri
tiga

4

četiri
empat

5

pet
lima

6

šest
enam

7

sedam
tujuh

8

osam
delapan

9

devet
sembilan

10

deset
sepuluh

11

jedanaest
sebelas

12

dvanaest

duabelas

13

trinaest

tigabelas

14

četrnaest

empatbelas

15

petnaest

limabelas

16

šesnaest

enambelas

17

sedamnaest

tujuhbelas

18

osamnaest

delapanbelas

19

devetnaest

sembilanbelas

20

dvadeset

duapuluh

100

sto

seratus

1.000

hiljada

seribu

1.000.000

milion

juta

brojevi - angka-angka

engleski

Inggris

američki engleski

bahasa Inggris Amerika

kinesko mandarinski

bahasa Cina Mandarin

hindi

bahasa Hindi

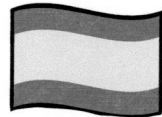

španski

bahasa Spanyol

francuski

bahasa Perancis

arapski

bahasa Arab

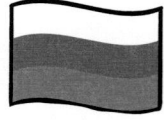

ruski

bahasa Rusia

portugalski

bahasa Portugis

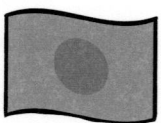

bengalski

bahasa Bengal

njemački

bahasa Jerman

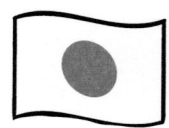

japanski

bahasa Jepang

ja

saya

ti

kamu

on / ona / ono

dia

mi

kita

vi

kalian

oni

mereka

ko?

siapa?

šta?

apa?

kako?

begaimana?

gdje?

dimana?

kada?

kapan?

ime

nama

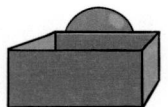

iza

dibelakang

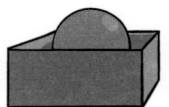

u

di

pred

didepan

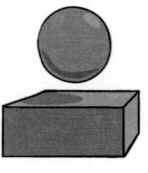

iznad

diatas

na

diatas

ispod

dibawah

pored

sebelah

između

di antara

mjesto

tempat